LOLA MONTÈS

EN COURS DE PUBLICATION

CHEZ LE MÊME LIBRAIRE

MÉMOIRES DE NINON DE LENCLOS

PAR EUGÈNE DE MIRECOURT

60 livraisons à 25 centimes, avec gravures.
18 fr. l'ouvrage complet par la poste.

OUVRAGE TERMINÉ

CONFESSIONS DE MARION DELORME

PAR EUGÈNE DE MIRECOURT

60 livraisons à 25 centimes, avec gravures.
18 fr. l'ouvrage complet par la poste.

PARIS — IMP. SIMON RAÇON ET COMP., RUE D'ERFURTH, 1.

LOLA MONTÈS

LES CONTEMPORAINS

LOLA MONTÈS

PAR

EUGÈNE DE MIRECOURT

PARIS
GUSTAVE HAVARD, ÉDITEUR
15, RUE GUÉNÉGAUD, 15
1857

L'auteur et l'éditeur se réservent le droit de traduction
et de reproduction à l'étranger.

LOLA MONTÈS

Nous nous sommes engagé à montrer au lecteur toutes les figures en relief de ce temps-ci, même quand elles doivent leur illustration aux instincts pervers de notre nature.

La femme qui renouvelle, en plein dix-neuvième siècle, les scandales de Jeanne Vaubernier appartient à notre galerie contemporaine, et le matérialisme abject des complices de ses désordres sera souffleté par chacune des pages qui vont suivre.

Malgré le nom qu'elle a crû devoir prendre, l'honnête personne dont nous allons raconter la vie n'est rien moins qu'Espagnole.

C'est une fille de la Grande-Bretagne, sol fécond en aventurières.

Portant au front le signe caractéristique d'une époque de décadence, nous voulons dire l'impudeur dans le vice et l'effronterie dans la corruption, elle s'est assise sur les marches d'un trône, et nous l'avons vue, presque reine, affliger l'Europe du spectacle de sa fortune insolente.

Née en 1818 à Montross, petite ville d'Écosse, d'un officier nommé Gilbert et d'une créole, Lola Montès a souvent entretenu le public de son origine.

Mais elle a toujours menti plus ou moins.

Le détail biographique suivant, expédié par elle au *Morning Advertiser*, en est la preuve :

« Je suis née à Séville, écrit-elle, en 1823 (cinq ans après son acte de baptême!); mon père était officier au service de don Carlos ; ma mère, Irlandaise d'origine, est née à la Havane. Je m'appelle Maria-Dolorès-Lorris Montès. »

Il paraîtrait que *Lola* serait un diminutif de ses trois prénoms.

Dans les *Mémoires* publiés et signés par cette noble héroïne [1], elle confesse une partie de la vérité, mais en la brodant outre mesure.

« Je suis née, dit-elle, en 1823 (toujours 1823!) à Séville.

« Mon père était un gentilhomme irlandais, fils de lady Guilbert (on a voulu conserver sans doute la prononciation anglaise de la lettre G) et du duc de ***.

« Il était, à vingt ans, capitaine dans le 44ᵉ régiment d'infanterie.

---

[1] Ils ont paru dans le *Pays*. L'œuvre fut écrite, sous la dictée de Lola, par un vieil académicien, mort il y a deux ans. Ceci n'est point à la louange de son ombre.

« Ma mère s'appelait Oliverres de Montalvo, illustre maison qui reconnaît pour son auteur un jeune guerrier maure qui abjura le *paganisme* (sic). C'est de cette époque que date dans ma famille *un peu* de ce sang africain dont je sens en moi l'ardente vivacité. »

Lola nous parle de son oncle Juan, lequel a laissé une fille, madame de Gavailles, et de son oncle Joseph, sceptique et égoïste *par raison*.

Puis elle nous apprend le nom de ses tantes, les marquises de Pavesfra et de Villa-Palma, qui très-probablement n'ont jamais existé.

Revenant à sa mère, elle nous raconte

que celle-ci connut dans un couvent d'Irlande le bel officier d'Écosse.

Plus tard, ils s'épousèrent sur les bords heureux du Tage.

« On me baptisa, continue l'agréable conteuse, sous les noms de Marie-Dolorès-Élisa-Rosana Guilbert. »

Ceci ne ressemble déjà plus à la note biographique envoyée au *Morning*.

« Ma mère, qui aimait le monde avec passion, ne voulut pas me nourrir, et me confia à une nourrice irlandaise qui se trouvait là par hasard, avec un lait en disponibilité pour le premier poupon venu. »

Ces précieux détails furent inventés par Lola Montès, dans l'unique but de fournir carrière au talent d'écrivain de son collaborateur.

La fiction lui permet de s'embarquer très-jeune pour l'Inde avec sa famille.

On accepte aisément que l'officier Gilbert ait dû rejoindre son corps dans les colonies anglaises, et cela donne lieu, comme vous le pensez, à une magnifique description de l'Indoustan.

Lola Montès connaît la *ficelle*, ainsi que pourraient dire messieurs les auteurs dramatiques dans leur argot pittoresque.

Elle nous peint son *aya*[1], sèche comme une momie, élancée comme un fût de colonne, ayant pour tout vêtement des anneaux au nez et aux oreilles, et portant un nourrisson en sautoir.

Son père l'officier meurt du choléra.

Nous assistons au second mariage de sa mère avec M. Patrick Craigie, gentilhomme écossais, élevé par le gouverneur de l'Inde au poste de député général adjudant (*deputy general adjudant of army*).

« Je n'étais encore, dit-elle, à l'âge de trois ans et demi, qu'une véritable enfant

---

[1] Domestique indienne.

de la nature, extrêmement sauvage et tenant beaucoup du singe par mon agilité et mon habitude de grimper partout, aux arbres, aux balcons, sur les toits, baragouinant un jargon inintelligible, formé de mots indoustanis ou bengalis et de monosyllabes espagnols et anglais, n'ayant jamais entendu parler de Dieu, seulement un peu de Brahma. »

Dans ses plus beaux jours de fantaisie romanesque et de négligence grammaticale, Alexandre Dumas n'a rien donné de préférable.

Lola grandit dans l'intimité d'un rajah philosophe et caduc.

Elle a pour compagnes de folâtres bayadères, qui lui inspirent un goût immodéré pour la danse. Bientôt M. et madame Craigie sentent la nécessité de l'arracher à la vie orientale.

On l'envoie en Écosse, chez sir Jasper Nicholls, ancien commandant de l'Inde et ami de la famille.

Sir Jasper Nicholls, nature violente et despotique, échoue dans ses tentatives pour civiliser la petite sauvage. Il s'en débarrasse en l'expédiant à Perth, au frère du major général Craigie.

Ce dernier sépare la jeune fille de son *aya*, qui l'a suivie en Europe, et la met en pension à Bath, dans le comté de Sommerset, chez une certaine mistress Olridge.

Ici nous ouvrons une parenthèse pour apprendre au lecteur que le roman s'arrête.

Nous sommes en plein sur le canevas de la réalité, sauf les broderies semées à droite et à gauche par la brillante imagination de la *señora*.

Pour l'instant elle se borne à décrire avec beaucoup d'humour la pension de Bath.

On lui apprend le français et même le latin à grand renfort de palmettes. Il paraît qu'on nomme ainsi la férule anglaise.

Mademoiselle Lola se permet toutes sortes de niches indécentes à l'égard de son maître de piano, le père Lœyler, un original qui portait toujours une cravate noire, « parce que, disait-il, c'est la couleur qui se conserve le plus longtemps blanche. »

Elle a pour amies intimes et pour camarades d'étude Fanny et Valeria Nicholls.

Mais bientôt elle contracte une liaison plus tendre avec le jeune Robert F***, collégien de dix-sept ans, qui lui donne rendez-vous sur le mur mitoyen de leurs pensions respectives.

« — Savez-vous ce que c'est que l'amour ? » disait-elle à son jeune interlocuteur.

Question bizarre, à laquelle Robert, aujourd'hui grave diplomate, faisait nous ne savons quelle réponse.

Pendant les vacances (ici le mensonge revient), Lola traverse le détroit avec la famille Nicholls. On l'amène à Paris, et l'ambassadeur d'Angleterre présente au roi Charles X lady Nicholls, ses deux filles, et leur jeune amie de pension.

Quel honneur!

Et comme le récit d'une pareille audience fait bien dans un journal!

La *señora* nous affirme, avec le plus grand sérieux, qu'elle a joué avec Mademoiselle et avec le duc de Bordeaux.

Celui-ci était vêtu d'un petit uniforme de colonel de chasseurs, avec le cordon bleu sur la poitrine.

Si vous en doutez, voulez-vous une preuve convaincante? Lola, qui ne manquait pas d'aplomb, s'est « amusée à lui tirer son sabre du fourreau. » (Textuel.)

Or voici qui achève de rendre *vraisemblables* les assertions de notre fabricante de Mémoires : cette audience aux Tuileries se trouve avoir lieu précisément le 27 juillet 1830.

Charles X choisissait bien son heure !

En quittant le château, mademoiselle Lola traverse des groupes d'insurgés.

Partout, sur son passage, elle aperçoit

des figures sinistres et noires de poudre. Elle devine que le règne de la branche aînée touche à son terme, ce qui lui donne occasion de s'adresser à elle-même une apostrophe d'un haut style et d'un grand effet.

« Singulière fatalité! dit-elle : je ne puis m'approcher d'un trône sans le voir aussitôt tomber! »

Vers la fin de novembre, elle repasse la Manche et va faire sa première communion sous l'œil d'un bon père jésuite, qui lui assure que la danse a été inventée par le diable.

Son éducation est complète.

Elle parle toutes les langues du conti-

nent, monte à cheval comme Antiope, tire
l'épée comme Grisier et le pistolet beaucoup mieux que le marquis de la Pailleterie.

Sa mère arrive alors tout exprès du pied de l'Himalaya, pour lui enjoindre d'épouser sir Alexander Lunley, gentleman pourvu de soixante hivers.

Lola trouve plus agréable de se faire enlever par un beau capitaine du nom de Thomas James.

Celui-ci avait accompagné madame Craigie en Europe, et la digne fille d'insinuer qu'il était l'amant de sa mère.

Pauvre colombe ! voyez son innocence ! Elle se confie à ce damné capitaine James;

dans la persuasion qu'il veut lui tenir lieu de *papa*. (Toujours textuel.)

« Mais, hélas! ajoute notre victime candide, à trente milles de Bath, il n'était déjà plus mon papa! »

Cette brusque et trop rapide union est légitimée par le propre frère du capitaine, ministre calviniste en Irlande ; puis le couple se rend à Dublin, où le vice-roi, lord Normamby, a toutes sortes d'égards et de prévenances pour « l'enfant mariée. »

Il attire Lola dans l'embrasure d'une fenêtre et lui dit avec une galanterie exquise :

« — Les femmes de seize ans, chère belle, sont les reines du monde ! »

Or, le capitaine Thomas James se montre jaloux du vice roi.

Signifiant à sa tendre épouse de le suivre, il la conduit dans sa famille, ce qui donne à la coquette solitaire l'occasion de tracer, de main de maître [1], une peinture de la vie de château, cette vie monotone qui ne comprend que deux épisodes, la chasse et les repas, les repas et la chasse, le tout arrosé d'innombrables tasses de thé, « douches médicinales envoyées à l'intérieur, à heures fixes, avec un imperturbable sang-froid. »

Notre héroïne a un souvenir de colère pour l'épinette enrhumée du grand salon.

---

[1] Toujours avec la plume de son académicien.

« Cette existence maussade, dit-elle, me pesait à un tel point, que j'eusse fait un coup de tête pour m'en délivrer si mon mari n'avait reçu l'ordre de partir pour l'Inde.

« Il était temps ! »

Madame Lola s'embarque sur le *Blund*, où elle s'engage à la fois dans trois intrigues amoureuses pour charmer les ennuis de la traversée.

Le capitaine, son mari, cuvant dix ou douze litres de *porter* qu'il entonne chaque soir, dort comme un boa dans sa cabine, et les soupirants adressent à l'épouse leurs déclarations sous la porte, au moyen de brins de papier roulés, que la chaste personne prend pour des allumettes.

Le premier de ces amoureux est le capitaine du gaillard d'avant, marin colossal surnommé *Brûle-tout*.

Ce drôle définit l'amour :

« Une pipe qui se charge à dix-huit ans, se fume jusqu'à quarante, et dont on secoue les cendres jusqu'au *requiem*, » pensée originale et profonde que nous recommandons à Henri Murger.

Brûle-tout se voit éconduit.

Son langage est trop pittoresque et ses manières sont trop brutales.

Mais ses rivaux, l'Anglais John et l'Espagnol don Enriquez, voient tous deux leur flamme payée de retour, en trente-cinq minutes de temps.

Nous prions le lecteur de nous pardonner ces détails scabreux.

Lola Montès, la femme bon garçon, comme elle s'intitule elle-même, dit les choses beaucoup plus crûment encore dans les colonnes du journal qui a reçu sa prose.

Elle débarque dans la capitale de l'Inde anglaise.

Le feuilleton qui contient la peinture descriptive de cette ville immense ne manque ni de verve ni d'originalité. Notre héroïne y critique les mœurs anglo-indiennes et nous montre son pédicure lui faisant vis-à-vis dans un quadrille, au milieu de la société la plus choisie de Calcutta.

Sans rien décider sur les habitudes d'un pays inconnu pour nous, ce détail nous semble *fantasié*, comme dit Montaigne.

La dame voit bientôt à ses genoux un très-jeune aide de camp du gouverneur général, sir William O...e, que le ministère anglais, dit-elle, a exilé dans ce pays pour arrêter la passion violente que lui témoignait à Windsor . »

Nous n'achevons pas.

C'est une manie de la folle créature de se poser toujours en rivale des têtes couronnées.

Elle ne séjourne pas longtemps à Calcutta.

Son mari la fait monter en palanquin et l'emmène avec lui dans une guerre contre les Afghans. Ils traversent ensemble les royaumes de Kaboul et de Cachemire.

A Kurnal, un prêtre de Brahma tombe amoureux d'elle.

Eh quoi! Mathan, d'un prêtre est-ce là le langage?

Rien n'intimide ce scélérat de brahmine. Il est plus voltairien que Voltaire et trouve réponse à tout.

Comme la passion d'un brahmine est chose rare et ne manque pas d'une certaine saveur, Lola se paye cette friandise.

Puis elle s'amuse à déniaiser un jeune diplomate français, Virgile de M***, qui

s'en va porter à l'empereur de la Chine
des lettres de Louis-Philippe.

Ces intrigues se dénouent pendant que
cet ivrogne de capitaine James ronfle au
fond de son palanquin.

Lola s'aperçoit que son Metternich en
herbe manque d'esprit.

Elle lui donne immédiatement congé.

Nous voici à Meeruth, où réside le
beau-père de notre fantasque héroïne. Le
major général Craigie commandait l'ex-
pédition de l'Afghanistan.

Ce brave officier lui fait un accueil
plein de tendresse et l'exhorte à demander
le pardon de sa mère. Lola reçoit ce con-

seil avec une déférence d'autant plus grande, qu'il lui permet de tourner les talons au capitaine James, aussi morose époux qu'obstiné dormeur.

Elle va rejoindre en toute hâte madame Craigie aux eaux de Simla, le Baden-Baden de cette région lointaine.

Sa mère lui pardonne l'union contractée sans son assentiment, et nous assistons à de nouvelles prouesses galantes.

Le plus entreprenant des nouveaux chevaliers de Lola est un *baby* anglais de dix-sept ans, qui a dressé son singe au rôle de Mercure.

Cet adolescent, qui porte encore la

veste ronde et le grand col rabattu, veut éventrer l'intelligent quadrumane, afin de pénétrer, sous la peau du défunt, chez la dame de ses rêves, et Lola, comme vous le pensez, ne résiste pas à cette magnifique preuve d'amour.

Peu de temps après, elle fait la conquête d'un prince barbare du Kaboul, qui se couche à ses pieds et les lui baise avec ferveur.

Ce sauvage veut l'acheter au poids de l'or et la conduire dans son harem.

Mais Lola, tout en se promenant avec l'amoureux dans un jardin planté de rosiers, lui démontre, par une ingénieuse allégorie, qu'une femme d'Europe est une rose qui se cueille et ne se vend pas.

Sur les entrefaites, arrive le capitaine James.

Il surprend Lola dans un tête-à-tête avec le prince et casse les vitres.

La dame, très en colère et pas du tout repentante, le renvoie fort irrespectueusement à son palanquin. Puis elle déserte, jurant qu'elle ne reparaîtra plus.

Madame Craigie désapprouve cette fugue. Elle ferme sa porte à la coupable.

Lola se décide à quitter l'Inde.

Avant son départ, et pour faire suite à ses contes bleus, elle diffame de la manière la plus cruelle, et sous le voile d'un anonyme fort transparent, un homme du mérite le plus incontestable, M. le marquis de P***.

Enfin elle met à la voile pour l'Europe.

Sur le navire elle tourne complétement la tête à l'un de ses compagnons de voyage, le capitaine L....x, aide de camp de lord Elphinstone.

Ici s'arrête le premier volume de ces honteux *Mémoires*, qu'un entrepreneur littéraire, M. Anténor Joly, avait été ramasser en plein scandale.

Dédiés à Sa Majesté le roi de Bavière, ils commençaient par une lettre, en forme de préface, adressée à ce prince.

On l'appelait *grand monarque et illustre poëte*.

Au mois d'avril 1851, MM. de Lamartine et de la Guéronnière, devenus acquéreurs du journal, répudièrent hautement cette spéculation malsaine.

Et les *Mémoires* de Lola Montès ne furent point continués.

Nous allons donc suppléer à cette œuvre autobiographique, où le mensonge coudoie la vérité à chaque ligne, par les renseignements que nous avons recueillis et dont nous garantissons la complète exactitude.

Le jeune aide de camp de lord Elphinstone se nommait Lennox.

Il devint si éperdument amoureux,

pendant la traversée, que sa famille, une des premières d'Écosse, eut toutes les peines imaginables à mettre obstacle au projet d'hyménée qu'il avait conçu, et dans lequel, peu soucieuse des lois portées contre la bigamie, ne cessait de l'encourager sa compagne de voyage.

En Angleterre, sans argent et sans ressources, Lola Montès tombe au plus bas de l'échelle du vice.

Nous la retrouvons à Madrid, entretenue par cinq ou six grands seigneurs anglais, lord M***, entre autres.

Ce dernier la croyait Espagnole.

Une vie de désordre aussi indigne ne tarda pas à lui faire descendre le dernier échelon de l'infamie. On put la voir, quinze mois durant, pensionnaire de l'un de ces établissements qui n'ont pas de nom dans le langage honnête.

Dès lors, sa ressemblance avec Jeanne Vaubernier fut complète.

Elle devint libre, grâce à la libéralité d'un *protecteur* qui paya ses dettes. Ils s'associèrent d'intérêt pour exercer à Paris et à Bruxelles.

On assure que Lola Montès, dans cette seconde capitale, fut honorée de la bienveillance d'un homme haut placé dans le pouvoir.

Nous ignorons si le fait est véridique.

Dans tous les cas, elle ne fut appelée à

remplir que le rôle d'une maîtresse anonyme, car les journaux belges, fort indiscrets d'ordinaire, ne mentionnent en aucune sorte l'aventure.

La grande célébrité de courtisane de Lola Montès ne date que du procès de Dujarrier.

Antérieurement, la fortune capricieuse ne l'élevait au pinacle, de temps à autre, que pour mieux la laisser retomber dans le ruisseau.

Trois mois entiers, on put la voir courir les rues de Varsovie sous la robe déguenillée d'une chanteuse de barcarolles, semblable à ces pauvres guitaristes dont parle Théophile Gautier :

Maigres sous leurs minces tartans,
Qui glapissent de leur voix triste
Aux portes des cafés chantants.

La chance funeste cessa de la poursuivre.

On l'engagea comme danseuse, en 1839, sur le théâtre de Varsovie; et, deux années plus tard, elle reparut en France, pour développer ses talents sur la scène de la Porte Saint-Martin.

Chacun a souvenir du motif qui fit rompre son engagement.

La pudique sylphide, en dépit des représentations de son directeur, et à la plus grande joie de messieurs de l'orchestre et du balcon, se mit, un soir, à danser sans maillot.

Par l'effronterie de cet acte immoral, elle pensait réduire au désespoir Petipa, dont elle se disait éperdument éprise, et qui, le matin même, avait rompu avec elle.

Voici à quel propos :

Elle affichait une jalousie extrême, une jalousie d'*Espagnole*, et disait en montrant la chevalière qu'elle portait au doigt :

— J'ai dans cette bague un poison violent. S'il me trompe, nous sommes morts, l'un et l'autre.

Petipa lui prend la bague.

Il ouvre le chaton et trouve une poudre.

grisâtre qu'il recueille soigneusement pour la faire analyser par un pharmacien.

C'était de la cendre.

Les deux histoires réunies du maillot et du poison donnent large matière aux rieurs. Notre danseuse prend la poste et va débuter au théâtre royal de Berlin, mais sans l'ombre de succès.

Bientôt néanmoins elle acquiert une énorme réputation par son duel à coups de cravache avec un gendarme.

Nos grands journaux français, les *Débats* et le *Constitutionnel*, ont narré jadis l'anecdote, qui, certes, en vaut la peine.

Montée sur un pur-sang [1], Lola assistait en amazone aux grandes manœuvres exécutées en présence du roi de Prusse et de l'empereur de Russie. La détonation des bouches à feu vint effrayer son cheval, qui prit le mors aux dents et se précipita au milieu de la suite des deux monarques, où elle parvint seulement à calmer sa fougue.

Aussitôt un gendarme s'élance, menace l'amazone et maltraite sa monture.

Lola, prompte comme l'éclair, lève une cravache et en cingle la face du gendarme,

---

[1] On écrivait de Berlin : Mademoiselle Montès aime passionnément à monter à cheval, et, pour se livrer à son aise à cet exercice, elle a amené *de son pays* deux chevaux andalous. (*Constitutionnel*, octobre 1843.)

qui dresse procès-verbal sur le lieu
même.

Un huissier se présente le lendemain
chez la sylphide et lui remet une assigna-
tion judiciaire.

Furieuse, elle lui arrache des mains le
papier timbré, le déchire et lui en jette
les morceaux au visage.

Nouveau procès verbal.

Et les feuilles berlinoises d'afirmer,
avec toute la gravité allemande, qu'il y a
là double chef d'accusation, et que la coupable va perdre sa liberté pour longtemps.

C'est une fausse nouvelle.

Une lettre de l'amazone, expédiée en toute hâte au *Journal des Débats*, qui l'imprime, fait connaître à ses amis de France qu'on renonce à la poursuivre.

Le coup de cravache était regardé comme un acte de vivacité fort excusable.

A en croire la signataire, le gendarme frappé à la figure était même venu fort humblement lui demander grâce.

O vieil Odry! tu n'es pas le seul qui aies rencontré de bons gendarmes!

En attendant, notre héroïne avait jugé convenable de quitter Berlin.

Peu de semaines après, recevant mauvais accueil du parterre de Varsovie, dont les souvenirs ne lui étaient point favorables, elle se permit, vis-à-vis des spectateurs, certains gestes qui n'avaient rien de gracieux, mais qui laissaient beaucoup à désirer sous le rapport de la décence.

Cette fois, elle eut la visite d'un gendarme russe porteur d'un mandat d'amener fort en règle.

Elle le cravacha solidement, comme elle avait fait au gendarme prussien, n'attendit pas qu'on vînt lui demander grâce et prit la fuite.

La voilà de nouveau sur le chemin de la France.

On assure que le chevalier Franz-Litz était son compagnon de berline.

Quoi qu'il en soit, les premières visites de la douce personne furent pour ses bons amis les journalistes.

Janin la reçut en joyeux camarade.

Alexandre Dumas lui dit qu'elle s'était conduite en *gentilhomme* avec les sbires de Frédéric-Guillaume, et Amédée Achard, lui baisant les mains, s'écria :

« — Nous allons donc voir danser en Espagnol ! »

Pour l'ami Théophile Gautier, non-seulement son accueil fut affable, mais il publia coup sur coup, dans la *Presse*, dont

Dujarrier tenait alors la gérance, quatre ou cinq feuilletons chocnosophes, destinés à faire mousser supercoquentieusement cette reine de la Cachucha.

Comme on le devine, Léon Pillet s'empressa d'engager une personne aussi bien recommandée, et madame Stolz reçut la sylphide à bras ouverts.

Mais Lola Montès fit un fiasco superbe.

Le public de l'Opéra trouva sa danse par trop andalouse, et siffla sans miséricorde.

On a imprimé que l'audacieuse *Espagnole*, dénouant les jarretières écarlates de son maillot, les avait jetées au parterre ébahi; mais l'anecdote manque d'exactitude.

Voici le fait attesté par des témoins oculaires.

Au milieu d'un *ballonné* trop expressif et suivi de protestations affligeantes pour l'oreille de Lola Montès, un de ses cothurnes de satin se détacha.

Par un mouvement rapide, elle le saisit et le lança au hasard du côté des spectateurs. Il tomba dans une baignoire de gauche, où un lion, ganté de blanc, le reçut avec enthousiasme.

Peu de temps après éclata, au milieu d'un tripot, la fameuse querelle qui devait coûter la vie à Dujarrier.

Lola fut mêlée d'un bout à l'autre à cette ténébreuse affaire.

Devant elle eut lieu la scène de provocation, et Dujarrier, qui n'était rien moins que duelliste, accepta le cartel pour ne pas déchoir aux yeux de sa maîtresse.

Notre héroïne parut au tribunal entièrement vêtue de noir.

Sa déposition chargea le plus possible le spadassin ministériel dont l'arme avait été si fatalement habile.

Plus tard elle a écrit :

« Des hommes *de bien loin et de bien haut* ont agi dans ce duel, je veux dire dans ce lâche assassinat, froidement prémédité. »

Le testament de la victime léguait vingt mille francs à Lola-Montès.

Elle partit pour l'Angleterre, où elle séjourna quelques mois ; puis elle vint à Munich [1], accompagnée d'un aventurier français, nommé Auguste Papon, le même qui a publié ses *Mémoires* à Genève, en 1849, et sur lequel la *Gazette des Tribunaux* du 10 mai dernier nous renseigne longuement.

Ce personnage, neveu d'un historien connu, a laissé dans les divers casinos de l'Allemagne une réputation déplorable.

On l'a vu, pendant les plus mauvais jours de la seconde République, se promener à Paris sous l'uniforme et le manteau rouge de capitaine de croates. Il disait

[1] Elle accepta un engagement pour le théâtre royal de cette ville.

avoir été blessé de trois coups de feu à la bataille de Novare, perdue par Charles-Albert contre les Autrichiens.

Dans le monde, où il parvenait à se glisser de temps à autre, il prenait le titre de marquis de Papon.

Lola Montès l'appelait son *cuisinier*.

Papon noua la première trame de l'intrigue qui fit tomber le dévot roi Louis dans le traquenard que lui tendait la trop célèbre danseuse.

« Deux ou trois semaines avant mon départ pour Munich, écrit encore Lola Montès, une somnambule m'annonça que j'exercerais beaucoup de prestige sur un monarque intelligent, et que je serais appelée à influer sur le destin d'un royaume. »

Évidemment cette prophétie a été faite après coup.

Toujours est-il que le roi de Bavière, ayant rencontré Lola par hasard chez un de ses chambellans, témoigna le désir de la voir danser devant lui un fandango. Les grâces chorégraphiques de la dame lui tournèrent complétement la tête, et la royale faveur ne tarda pas à se déclarer par les marques les plus vives.

Cinq jours après, la nouvelle maîtresse est officiellement introduite à la cour.

« — Messieurs, dit le roi, je vous présente ma meilleure amie ! »

Le 14 août 1847, une ordonnance royale, datée d'Aschaffenbourg, accorde à la favorite l'indigénat en Bavière; puis des lettres patentes, fort en règle, la nomment successivement baronne de Rosenthal et comtesse de Landsfeld[1].

En même temps le roi lui accorde une pension sur l'État de vingt mille florins (cinquante-deux mille francs) et lui fait construire à Munich un hôtel splendide.

[1] Son écu d'armoiries est écartelé à l'allemande. — Premier carré : sur champ de gueules, un sabre d'argent à poignée d'or; — deuxième carré : sur champ d'azur, un lion couronné et prêt au combat; — troisième carré : également sur champ d'azur, un dauphin d'argent, tourné à gauche; — quatrième carré : sur champ blanc, une rose pâle. L'écusson est surmonté d'une couronne comtale, enrichie de neuf perles. A droite de la couronne, les tabliers du heaume sont d'argent et de gueules; à gauche, ils sont d'azur et d'or.

Au mépris de ce qu'il se doit à lui-même comme époux et comme père, au mépris du sentiment des convenances que le siècle où nous vivons impose plus que jamais aux rois, Louis exige que tous les membres de sa famille accueillent honorablement l'aventurière, et la reine, sa malheureuse femme, reçoit l'injonction de présenter à Lola le grand cordon de chanoinesse de l'ordre de Thérèse[1].

Le chef du ministère ultramontain, M. Abel, se retire avec tous ses collègues, après avoir adressé au vieux monarque une lettre menaçante.

Immédiatement les démissionnaires sont

---

[1] Ordre que la reine elle-même avait créé et qui portait son nom.

remplacés par un cabinet libéral, dont la nouvelle comtesse prend soin de composer la liste.

Elle se flatte que l'avènement du libéralisme en Bavière fera rejaillir sur elle quelque popularité.

Son attente est complétement déçue.

Le pays refuse à la courtisane toute espèce de reconnaissance pour des idées de progrès et de liberté qu'elle souille de son patronage.

Elle ne peut se montrer en public sans être poursuivie par des huées ou des sifflets.

Madame la comtesse se venge, en cravachant, selon sa louable coutume, les militaires et les bourgeois qui ne se découvrent pas sur son passage.

Du reste, son palais regorge de courtisans.

A la honte de l'aristocratie et à la honte des arts, on trouve là chaque jour, aux pieds de l'impure idole, des princes, des grands seigneurs hongrois, des écrivains, et des peintres.

Un de ces derniers surtout, que nous ne nommerons pas pour sa gloire, visait à être le Pygmalion.

Mais l'orage grondait au dehors, et bientôt la foudre tomba.

Les étudiants bavarois, à l'exemple de

leurs confrères des universités allemandes, se réunissent en diverses associations, qui se distinguent entre elles par une dénomination spéciale et par la couleur de la coiffure.

Celles de Munich portaient le nom des cinq provinces principales du royaume, savoir : *Pfalzer, Schwaben, Franken, Isaren, Bavaren.*

Dans le palais même de la favorite, il s'en forma bientôt une sixième, l'*Alemania*, que Madame la comtesse voulut honorer de sa haute protection.

Elle se composait de quinze ou vingt jeunes nobles, coiffés de casquettes d'un rouge vif, garnies d'une ganse multicolore.

Ceux qui en étaient membres furent impitoyablement repoussés par les autres étudiants. On leur rompit en visière, après les avoir déclarés indignes d'obtenir satisfaction pour une offense quelconque.

Dans la première semaine de février 1848, les *Alémanen*, s'étant présentés à l'université, au cours de physique de M. Sieber, sont accueillis par d'épouvantables grognements.

Le professeur se voit contraint d'interrompre sa leçon.

Grand émoi chez la comtesse.

Il s'agit de réprimer au plus vite ces démonstrations insolentes. On fait savoir aux étudiants qu'une enquête vient de s'ouvrir pour châtier les fauteurs du désordre.

Mais on se moque de l'enquête, et, le 6 février, de nouvelles et plus terribles attaques sont dirigées contre les casquettes rouges.

En vain les professeurs et le recteur cherchent à ramener le calme.

Le prince Wallerstein, ministre des affaires étrangères, chargé par intérim du portefeuille de l'instruction publique, vient en personne haranguer l'émeute; mais il n'empêche pas les *Alemanen* d'être poursuivis, en sortant de l'université, par les *pereat* (à bas) d'une foule d'étudiants, qui les escortent et les accablent d'imprécations, depuis l'extrémité de la longue rue Louis jusqu'à la Loggia, située entre le palais du roi et l'église des Théatins.

Un mot connu, répété par madame la comtesse : « Mauvais cheval peut broncher, mais non toute une écurie, » achève d'exaspérer ces jeunes gens

Trois jours après, les cris et les huées recommencent avec plus de rage encore.

Les *Alemanen* se réfugient chez un traiteur, appelé Rottmanner, où se tiennent ordinairement leurs réunions. L'un d'eux, le comte de Hirschberg, se retourne au seuil de la porte, tire un poignard et se précipite sur les agresseurs.

On lui arrache le poignard.

Mais les gendarmes n'osent pas mettre un membre de l'*Alemania* en état d'arrestation.

Le jeune homme entre chez le traiteur, où ses camarades sont en train d'écrire à la favorite pour réclamer son appui.

Madame la comtesse, — il faut lui rendre cette justice, — accourt en toute hâte et traverse intrépidement la foule, à pied et sans escorte.

Reconnue, menacée, en butte à mille outrages, elle veut chercher asile dans les maisons d'alentour ; mais toutes les portes, celle de la légation d'Autriche entre autres, refusent de s'ouvrir.

Ce fut alors qu'on put voir Sa Majesté le roi de Bavière quitter clandestinement une fête qui se donnait au château, descendre dans la rue au beau milieu de l'émeute et offrir le bras à sa chère comtesse, pour la dérober aux insultes publiques.

Ils entrèrent ensemble dans l'église des Théatins, où Lola Montès, tombant au pied de l'autel, s'écria :

« Dieu, protégez mon meilleur, mon seul ami ! »

Regagnant aussitôt le portail, seule et un pistolet au poing, elle le décharge sur la multitude, mais sans blesser personne.

Un escadron de cavalerie survient à

propos pour la sauver de la colère du peuple.

Le 10, paraît une ordonnance royale qui déclare l'université de Munich fermée pour un an.

Cette mesure achève d'exaspérer la ville.

Ouvriers et bourgeois se joignent aux étudiants; l'émeute se change en révolution; et toute la municipalité de Munich réclame l'éloignement de la maîtresse du roi.

Louis refuse et déclare qu'il perdra plutôt son diadème dans cette lutte funeste.

Mais la chambre des pairs, effrayée des menaces du peuple, s'empresse d'intervenir et arrache enfin au vieux roi l'ordre de départ de la comtesse de Landsfeld.

Celle-ci refuse de croire tout d'abord à cette détermination de son cher Louis; mais il faut bien se rendre à l'évidence.

Elle monte en voiture.

Douze gendarmes l'accompagnent, et des agents de police lui servent de laquais.

Avec elle, dans l'intérieur de sa berline, et pour lui tenir lieu de femme de chambre, sans doute, madame la comtesse n'a que des hommes.

Le peuple, apprenant ce départ, se rue aussitôt sur l'hôtel de la favorite et le saccage.

Par une idée singulière et qu'on s'explique à peine, le roi Louis voulut assister incognito à cette nouvelle scène de désordre.

Un caillou l'atteignit au front et le blessa grièvement.

Quelques officiers le reconnurent. On le ramena tout ensanglanté au palais.

Cependant la favorite ne perdait pas l'espoir de relever sa fortune. Elle rentra, quelques heures plus tard, à Munich sous un déguisement; mais elle ne put approcher de son vieil amoureux.

Durant près d'un mois, elle erra de résidence royale en résidence royale, comptant toujours sur son rappel.

Or l'ouragan de Février franchissait le Rhin.

Bientôt on le vit fondre sur Munich, et Louis de Bavière, tombé en enfance, dut abdiquer pour sauver la monarchie.

L'indigénat fut retiré à Lola Montès. Elle apprit qu'on venait de la mettre sous la surveillance de la haute police.

Tout lui conseillait de fuir.

Nous la retrouvons au bord du lac de Constance avec le marquis de Papon[1], et

---

[1] Ce dernier, qu'elle ne soudoyait plus sans doute avec assez de munificence, la quitta pour se livrer à l'industrie sacrilége que nous a révélée dernièrement la *Gazette des Tribunaux*. Papon, déguisé en capucin, était parvenu à capter la bienveillance et le patronage d'un grand nombre de prélats. Une société, dite *Société de l'Église*, dont il était le fondateur, assurait

un certain docteur Riedel, autre *cuisinier*
à ses gages.

Une fois dégagé des soucis du trône,
Louis de Bavière espérait couler aux genoux de sa belle comtesse une existence
filée d'or et de soie.

Il lui expédia message sur message.

O désespoir!

Elle rejeta dédaigneusement les propositions de ce Lovelace septuagénaire, et
privé de couronne, pour donner son
cœur à un bel attaché d'ambassade qu'elle
venait de rencontrer à Berne.

---

les temples catholiques contre le vol des troncs, des
vases sacrés, etc.; puis elle faisait commettre les vols
par ses agents mêmes, afin d'augmenter le nombre des
assurances. Le capucin-marquis fut condamné par
contumace à dix ans de travaux forcés.

Ceci eut lieu dans la première quinzaine de mars.

Notre royal poëte se livra, dès lors, à toutes sortes de rimes larmoyantes sur l'inconstance et l'ingratitude odieuse des beautés chorégraphiques.

Si nous avions le temps et l'espace nécessaires, nous traduirions pour nos lecteurs quelques-unes de ces poésies éplorées qu'on nous envoie d'Allemagne.

En attendant, Lola Montès, tantôt à cheval, tantôt en brillant équipage, se promenait dans les rues de Berne avec son jeune adorateur.

L'œil radieux de madame la comtesse ne trahissait aucun souvenir des événements terribles qui avaient épouvanté la fin de son règne de favorite.

En la voyant, M. Jourdain n'eût certes plus fait cette question :

« — A quoi sert la philosophie ? »

Un autre caprice ne tarde pas à faire prendre à Lola Montès le chemin de l'Angleterre.

Elle gagne le port d'Ostende, en traversant les États prussiens.

Arrivée à Bonn, elle entend sous sa fenêtre un tumulte horrible. Ce sont les étudiants qui lui donnent un *charivari* (en allemand, musique de chat).

Madame de Landsfeld paraît au balcon.

Tenant à la main une flûte de champagne, elle écoute, souriante, les miaulements universitaires et boit à la santé des charivariseurs.

Enfin elle arrive à Londres, où des aventures non moins étranges lui sont réservées.

Tous les journaux signalent sa présence dans la capitale du Royaume-Uni, et l'affiche du théâtre de Covent-Garden annonce une pièce intitulée *Lola Montès*, ou *Comtesse pour une heure*.

Mais le chambellan chargé de la censure dramatique en interdit la représentation.

Bientôt les cockneys ébahis apprennent

que madame de Landsfeld s'est mariée à un lieutenant aux gardes de la reine Victoria, M. Heald, possesseur d'une fortune de quinze à seize mille livres sterling de revenu.

Et votre premier époux, comtesse?

Mais l'estimable femme n'y songe plus.

Ou, pour mieux dire, elle a trop de hardiesse dans le caractère pour s'arrêter devant un aussi mince obstacle.

Heald avait rencontré Lola Montès dans un des parcs de Londres. La voir, tomber dans le ravissement, et du ravissement dans le délire, tout cela fut l'affaire d'une minute. Il s'empressa de lui offrir le mariage.

Idée d'Anglais !

La dame lui donne six semaines pour réfléchir à sa proposition, lui permettant de la visiter dans l'intervalle, et le laissant libre de retirer sa parole s'il vient à changer d'avis.

Ce procédé, aussi adroit qu'original, charme le blond insulaire.

Au bout des six semaines, il épouse la comtesse de Landsfeld, qui, en échange de ses guinées, lui sacrifie son blason.

La famille du jeune fou pousse des clameurs.

On introduit contre Lola Montès une belle et bonne accusation en bigamie.

Un traître, nous ne savons lequel, a révélé l'existence du capitaine James.

Mistress Heald fournit une caution de mille livres sterling et ne juge pas à propos d'assister aux débats du procès. Nos époux franchissent le détroit pour aller au loin passer la lune de miel, à la mode des gens comme il faut.

Ils traversent la France et gagnent l'Espagne.

L'excellent Anglais rend Lola Montès mère de deux beaux enfants.

Mais, en dépit de ces gages d'amour, leur bonheur est troublé par des querelles intestines.

A Barcelone, à la suite d'une scène violente, l'ex-favorite du roi Louis frappe d'un coup de poignard le lieutenant aux gardes de la reine d'Angleterre.

Et l'époux blessé de s'enfuir.

Mais, toutes réflexions faites, il met un clou dans le pied de sa mule pour avoir un prétexte de s'arrêter en chemin. Voyant que sa femme ne le rejoint pas, il lui envoie une longue missive, qui se termine ainsi :

« O ma Lola! si jamais vous avez à vous plaindre de moi, cette lettre vous servira de talisman ! »

Quelques heures après, mistress Heald ramène son mari en triomphe.

Ce dernier reprend sa chaîne et ne tarde

pas à s'en repentir. Les querelles recommencent. Il trouve la vie conjugale insipide et songe, dès lors, à une fuite sérieuse.

Une première fois Lola le perd à Madrid.

Elle le fait afficher sur les murs et dans tous les journaux, promettant récompense honnête à qui le lui ramènera.

Bientôt Paris a la gloire d'héberger le couple dont on lit sur ces pages l'extravagante épopée.

Madame éprouve la fantaisie de se faire peindre par Claudius Jacquand; mais, chaque jour, on interrompt les séances qu'elle donne à l'artiste pour la prévenir que Monsieur fait sournoisement ses malles et commande des chevaux de poste.

Elle s'élance et met obstacle au départ.

Une fois, néanmoins, il réussit à tromper sa rigide surveillante. Lola fut obligée de courir après lui jusqu'à Boulogne.

Claudius Jacquand les avait représentés l'un et l'autre sur la même toile ; l'époux offrant à l'épouse une riche parure de diamants.

A la rupture définitive, l'insulaire alla trouver le peintre.

Il voulait qu'on coupât en deux le tableau, pour ne pas laisser son image accolée à celle de Lola.

Malgré cette réclamation, la toile resta tout entière au pouvoir de l'épouse.

Elle garda ce tableau dans sa chambre, ayant soin de tourner la peinture du côté de la muraille.

A ceux qui lui demandaient pourquoi elle agissait ainsi :

« — Dame, répondait-elle, mon mari n'a pas besoin de voir ce que je fais : ce serait indécent. »

Revenu à Londres, le lieutenant aux gardes n'eut aucune peine à faire prononcer la nullité de son mariage. L'existence du capitaine Thomas James fut aisément prouvée devant les juges [1].

---

[1] Ce premier mari ne mourut qu'en 1852, seize mois après l'arrêt de la cour.

Heald, l'année suivante, se noyait à Lisbonne, au milieu d'une promenade maritime.

Le remous imprimé aux vagues par un bâtiment à vapeur qui vint à passer à quelque distance, fit chavirer sa frêle embarcation.

Quant à notre sylphide bigame, elle avait pris son vol du côté des régions américaines, où, par la licence de ses mœurs, elle devint bientôt la *lionne* du jour.

On la vit reparaître sur la scène comme actrice et comme danseuse.

Dans une pièce composée *ad hoc*, elle représenta les principales aventures de sa vie en Bavière et gagna des monceaux d'or.

Mais, cet or, elle le jetait par les fenêtres.

Les directeurs du nouveau monde se lassant de pourvoir à ses dépenses effrénées, l'industrieuse personne imagina un genre d'exhibitions à la portée de toutes les bourses, auquel elle donna le nom de *conversations*.

Durant un quart d'heure, et moyennant un droit fixe perçu à la porte de la salle, on avait le droit de la voir dans une de ses plus riches toilettes et de causer avec elle, n'importe sur quelle matière, en français, en anglais ou en espagnol.

Elle partit pour la Nouvelle-Orléans.

Un Canadien, nommé Jones, se fit l'entrepreneur de ses succès dramatiques, et, comme on craignait que, dans ce pays foncièrement religieux, le scandale de son histoire n'indisposât la population contre elle, voici le plan qu'on imagina.

Les journaux de la Louisiane firent savoir que madame la comtesse de Landsfeld, arrivée depuis peu en Amérique, distribuait d'abondantes aumônes aux pauvres, aux malades, aux prisonniers, en expiation sans doute de sa vie coupable.

L'effet de ces réclames une fois produit, les mêmes journaux apprirent au public que la fameuse comtesse allait prochainement entrer en religion; les mieux informés fixaient même l'époque de la prise de voile.

Mais, au jour dit, troisième et mirobolant *fait-divers*.

On annonce que la signora Lola Montès, obéissant à l'instinct de l'inconstance, si puissant sur son sexe, au lieu du cloître choisit l'Opéra.

Le soir on s'étouffe aux portes du théâtre; et, les jours suivants, on encaisse des recettes monstres.

En 1853, la danseuse entreprend un voyage en Californie.

A San-Francisco, vers la fin de juillet, elle convole en troisièmes noces avec un publiciste nommé Hull.

Ce personnage était l'éditeur-propriétaire du journal *The San-Francisco Whig*.

Puis elle revient en Europe, accompagnée d'un ours et d'un singe qui portent l'effroi sur le steamer où elle a pris passage.

Toutes les pérégrinations de Lola Montès ne l'ont point rendue millionnaire.

Il y a quelques mois, *Figaro* s'est fait appeler en police correctionnelle pour avoir narré l'impudente espièglerie jouée par la dame aux gardes du commerce qui venaient l'inviter à les suivre à Clichy.

Bien que la vérité soit *nue*, il faut l'habiller quand on la présente sous la forme de l'anecdote.

Échappant à ses créanciers, l'héroïne du *Figaro* s'embarque pour l'Australie, et les feuilles anglaises ou françaises nous donnent, jusqu'à ce jour, le complément de son histoire.

Nous n'avons plus que des citations à faire.

Lisons d'abord le *Herald* du mois de mai 1856:

« *Mademoiselle* Lola Montès joue en ce moment sur le théâtre Victoria, de Melbourne, en Australie.

« Un journaliste, M. Seekamp, éditeur du *Ballarat Times*, avait, à ce qu'il paraît, fait, dans un de ses articles, quelques observations qui attaquaient le caractère de Lola, comme femme, et non sa réputation d'actrice.

« Quelques soirées après, M. Seekamp se rendit à l'hôtel des États-Unis, où elle résidait.

« Apprenant qu'il était au bas de l'escalier, Lola descendit avec un fouet et lui en administra plusieurs coups. M. Seekamp les lui rendit avec une cravache, et bientôt les combattants se saisirent littéralement aux cheveux.

« Quelques personnes intervinrent, et l'on finit par les séparer.

« Le lendemain soir, au théâtre, Lola Montès fut accueillie avec enthousiasme (ô braves habitants de l'Australie!), et, à la fin de la représentation, elle prononça un petit discours qui la caractérise parfaitement.

« — Je vous remercie de votre amitié, a-t-elle dit, et je regrette d'être obligée de parler encore de M. Seekamp ; mais ce n'est pas ma faute, car, dans le journal de ce matin, il renouvelle ses attaques contre moi. Vous avez entendu raconter la scène qui a eu lieu hier. M. Seekamp menace de continuer d'attaquer ma réputation (quelle indignité!). Je lui ai offert de me battre avec lui au pistolet ; mais le lâche qui a osé frapper une femme s'est sauvé devant elle. (*Applaudissements.*) Je vous remercie de nouveau, mes bons amis ! »

Mais voici bien une autre affaire.

C'est encore un journal anglais qui la raconte, en l'empruntant au *Ballarat Times.*

« Lola-Montès avait été engagée pour jouer sur le théâtre de M. Crosby.

« Au moment de régler ses comptes, elle chercha querelle au directeur, et sans doute elle allait se porter à quelques-uns de ses excès habituels, lorsque apparut madame Crosby, armée d'une forte cravache. La femme du directeur frappa si fort et si souvent sur la pauvre Lola, que l'arme cinglante fut brisée en morceaux.

« Alors, les combattantes se prirent corps à corps, et... le reste se devine, mais ne s'écrit pas. »

La feuille ajoute :

« Enfin la terrible cravacheuse vient de

trouver, non son maître, mais sa maîtresse, et, d'ici longtemps, elle sera incapable de paraître sur aucun théâtre. »

Cette indigne volée décida Lola Montès à quitter l'Australie.

Vers la fin d'août suivant, elle était en France et adressait à l'*Estafette* cette lettre singulière :

« Saint-Jean-de-Luz, hôtel du Cygne,
2 septembre 1856.

« Les journaux belges et quelques journaux français ont affirmé que le suicide de l'artiste Mauclerc, qui se serait, dit-on, précipité des hauteurs du pic du Midi, avait eu pour unique cause les contrariétés conjugales que je lui avais suscitées,

C'est une calomnie que M. Mauclerc pourrait, je pense, au besoin démentir. Nous nous sommes, il est vrai, séparés amicalement après huit jours de mariage, mais poussés uniquement par nos besoins impérieux d'indépendance mutuelle. Il est probable, du reste, que l'événement du pic du Midi aura pris naissance dans l'imagination de quelque journaliste à court de nouvelles tragiques, et j'ose compter, monsieur le rédacteur, sur votre impartialité pour donner accès dans votre estimable journal à ma légitime justification.

« Agréez, etc.

« LOLA MONTÈS. »

Girardin, très-embarrassé pour remplir les colonnes de son journal, vu qu'on ne le laissait plus y développer ses hautes conceptions politiques¹, jugea convenable de reproduire la missive adressée à l'*Estafette*.

Le numéro qui la contenait tomba sous les yeux de M. Mauclerc, alors en représentation à Bayonne.

Il répondit au grand Émile :

« Monsieur le rédacteur,

« Je viens de lire, dans le numéro de la *Presse* du 7 septembre, une lettre de Lola Montès, où il est question d'une chute

¹ Raison qui a fini par le décider à le vendre.

dont j'aurais été la victime et d'un mariage dont j'aurais été le principal acteur.

« Je suis complétement étranger à ces deux sinistres : — de ma vie je n'ai éprouvé la moindre velléité de me précipiter des hauteurs du pic du Midi, pas plus que de tout autre pic, — et je ne me souviens pas d'avoir jamais eu l'avantage d'épouser — ne fût-ce que pour huit jours — la célèbre comtesse de Landsfeld.

« Recevez, monsieur le rédacteur, l'assurance de mes sentiments distingués.

« Mauclerc,
Artiste dramatique. »

Bayonne, le 9 septembre 1856.

Nous laissons à nos lecteurs le soin de commenter ces faits curieux.

Est-ce la danseuse qui ment? est-ce le comédien qui nie?

Voilà ce que nous ignorons. La seconde lettre, en tous cas, est infiniment préférable à la première.

Lola Montès, bien qu'on la prétende spirituelle, est loin de mériter cette louange. Il ne lui restera jamais, pour moyen de salut, ce qui restait à Ninon de Lenclos, une courtisane comme elle, mais dont les fautes s'abritaient, si nous pouvons nous exprimer de la sorte, sous le triple voile de la grâce, de l'esprit et de la décence.

Madame la comtesse de Landsfeld, dans

ses actes comme dans ses discours, va jusqu'aux régions les plus fangeuses du cynisme.

Le moins ignoble des mots qu'on lui prête est celui-ci :

« — Quand je suis arrivée en Bavière, j'avais cent mille francs ; mais le roi Louis me les a mangés ! »

Au physique, c'est une femme de taille moyenne, très-svelte, avec des cheveux noirs abondants et d'énormes yeux d'un bleu sombre.

Son nez mince, aux naseaux mobiles, trahit des instincts de colère et de luxure.

Le bas de son visage manque de précision dans les contours et se termine disgracieusement en pointe.

Elle ne mérite pas la grande réputation de beauté qu'on lui a faite.

Nous avons écrit son affligeante histoire pour venger la morale publique.

Il ne faut pas que nos femmes, nos filles ou nos sœurs, se laissent éblouir un seul instant par ces renommées scandaleuses que le vice applaudit et que la débauche encense, jusqu'au jour où, marquées du sceau de la vieillesse et de l'opprobre, elles tombent dans le gouffre du mépris universel.

Nous conseillons à tous ceux que la digne comtesse voudrait cravacher encore de lui administrer ce châtiment que les lois anciennes infligeaient sur la place publique aux prostituées insolentes.

Aucun juge n'oserait qualifier d'attentat à la pudeur cet acte de justice expéditive.

Lola Montès n'a jamais eu de pudeur.

FIN.

"Monsieur Blogue".

Comme je n'ai jamais fait des commandes à M.rs Hamm et C.o Tailleurs, rue du Helder, ils ne peuvent rien demander de moi, et je suis forcé de refuser positivement la somme de (371) francs, que vous me demandez dans le nom de ces lesdits tailleurs. Monsieur Leigh, le printemps passé, m'a fait cadeau d'une amazone et d'autres choses que lui a commandées pour moi, et je crois que c'est à lui que vous devez vous adresser.

Agréez, Monsieur &.&.

Comtesse de Landsfeld

Tiré de la Collection de M.r Denlr.

LES CONTEMPORAINS

JOURNAL CRITIQUE ET BIOGRAPHIQUE

EUGÈNE DE MIRECOURT, Rédacteur en chef

BUREAUX A PARIS, RUE COQ-HÉRON, 5.

Une publication qui, depuis trois ans, n'a pas vu le succès se ralentir pour elle, vient aujourd'hui prêter son titre au journal que nous annonçons.

M. Eugène de Mirecourt sera le rédacteur en chef de ce journal.

Tôt ou tard, l'auteur de tant de volumes, — loués sans restriction par les uns, impitoyablement dénigrés par les autres, — devait prendre rang dans la presse militante.

L'heure est venue pour lui de se défendre, en allant chercher sur leur terrain même les ennemis discourtois qui le poursuivent de leurs attaques.

LES CONTEMPORAINS, — ce titre engage.

Il annonce nécessairement une feuille toute d'actualité, palpitant, respirant en quelque sorte avec le siècle, et à laquelle il suffira de tâter le pouls, si l'on veut apprendre comment se porte le monde littéraire et comment se porte le monde qui ne l'est pas.

Toutes les richesses biographiques restées intactes dans le portefeuille de M. Eugène de Mirecourt, et que le cadre restreint de ses volumes ne lui permet pas d'employer, trouveront ici leur place, en donnant le complément de son œuvre.

Critiques originales, nouvelles de bonne source, échos et bruits de la ville, anecdotes vivantes; portraits tantôt sérieux, tantôt grotesques, mais toujours ressemblants; cuisine mystérieuse des journaux, des revues, des théâtres, des académies; histoire complète de l'époque, écrite jour par jour avec vérité, discernement, conscience : — voilà ce qu'annonce le journal nouveau.

Quant à la polémique, — plus ses adversaires seront violents et grossiers, — plus M. Eugène de Mirecourt s'affermira dans la résolution d'être calme, convenable et de bon goût.

Le journal LES CONTEMPORAINS paraîtra, toutes les semaines, le mardi (52 numéros par an).

Le premier numéro a paru le mardi 6 janvier 1857.

On s'abonne à Paris, rue Coq-Héron, 5.

Le Journal LES CONTEMPORAINS se vend
CHEZ GUSTAVE HAVARD, LIBRAIRE,
15, RUE GUÉNÉGAUD,
CHEZ TOUS LES MARCHANDS DE JOURNAUX
ET CHEZ
TOUS LES LIBRAIRES DE FRANCE ET DE L'ÉTRANGER

UN NUMÉRO : TRENTE CENTIMES

PRIX DE L'ABONNEMENT
POUR PARIS ET LES DÉPARTEMENTS

Trois mois : 5 fr. — Six mois : 10 fr. — Un An : 18 fr.
ÉTRANGER, — le port en sus selon les pays.

Le journal LES CONTEMPORAINS sera envoyé gratuitement, comme essai, à toute personne qui en fera la demande par lettre affranchie.

Pour le prix de l'abonnement, envoyer *une valeur sur Paris* — ou un MANDAT SUR LA POSTE à M. le Directeur du journal **les Contemporains**, rue Coq-Héron, 5. (*Affranchir.*)

www.ingramcontent.com/pod-product-compliance
Lightning Source LLC
LaVergne TN
LVHW050637090426
835512LV00007B/910